テラー必携!!

あなたのファンを増やす魔法の質問

ファイナンシャル・プランナー
いいだみちこ

はじめに

人生100年時代という言葉が浸透してきたいま、将来に備えて、お金をどのように運用すればよいのか迷っている人は少なくありません。そんなときに、お客さまと最も身近で寄り添うことができるのが金融機関のテラーや営業担当者です。

ただ、迷っていたとしても何をどのように相談すればよいのかがわからない人は少なくありません。そこで本書では、どのように声かけをすればよいのか？　お客さまが心を開いて話してくださるための〝魔法の質問〟を作成することを考えてみました。

「質問で何が変わるの？」という読者の皆さまの声が聞こえてきそうですが、ここで少し立ち止まって考えてみることにしましょう。

私たちは日々の生活のなかで、無意識に幾度となく質問を繰り返しています。「次は、どの業務を進めていこうか？」「ランチはどこで食べようか？」「今度の休みの日は何をしようか？」などなど。それらはどれも何気ないことですが、私たちの行動のすべては選択によって作られていることに気づくでしょう。つまり、このことは質問なしでは行動できないことを意味します。

とはいえ、迷っている人というのは、自分にどのような質問を投げかけるべきかがわからないことは多いものです。特に、お金のことや将来のことなどは、自分で自分に質問することさえも躊躇してしまう人もいます。

金融機関のテラーや営業担当者は、そんな迷いを持つ人たちと、直接、接点を持つことができる、数少ない存在です。お客さまは何を迷っているのか、何を望んでいるのかの気づきを得るためのきっかけ作りに、質問を活用して下さい。

〝魔法の質問〟というと大げさに聞こえるかもしれません。しかしながら、良質な質問は、これからの人生に変化をもたらします。質問は魔法にもなるのです。

ぜひ、本書をきっかけに、お客さまのサポートに取り組んでみて下さい。真摯に向き合うことで、お客さまはあなたのファンになることでしょう。

目次

第2章 家族構成別の声かけをマスターしよう・57

—お客さまごとの関心事に踏み込んだ質問で
より具体的なニーズを引き出し、ビジネスチャンスにつなげる

序章

質問の本質を押さえておこう

質問は、無意識に抱いている〝想い〟を表面化させる力を秘めている

辞書によると、質問とは、「わからないことや疑問に思っていることを問いただすこと」とあります。つまり、質問することで、わからないことが解消されるというわけです。

とはいえ、実生活のなかでのわからないことや疑問を尋ねることは、簡単であるようで実は難しく感じることもあるものです。また、そもそも「わからないことがわからない」ということも考えられます。そのような場合には、必然的に、誰か自分以外の人の手を借りなければなりません。

♣質問が持つ力

たとえば、今後の生活に不安を抱いているとしましょう。そのようなとき、不安に思う事柄が明確にわかっていれば、質問するという行動を起こすことができますが、不安に思う事柄があやふやな場合には、そのまま放置されてしまいます。そうなると、いつまでも

悩みを解消することはできません。
そこで役立つのが質問の投げかけです。

人は悩みを持っていたり、困っていることや疑問に思ったりすることがあると、表情や言葉づかいなどに、その気持ちが表れてくることは少なくありません。その〝想い〟を解消したいと思っていても、「相談するほどのことでもないけど…」「どのように聞いてよいのかがわからない」ということもあります。そのようなときに役立つのが、第三者の側から質問を投げかけることです。

質問を投げかけられると、質問を向けられた人は、答えるために考えるようになります。自ら考え、それに答えるだけで、**求めていた答えを自ら導き出す**こともあるでしょう。
しかしながら、そう簡単に答えが見つかるわけではありません。ただし、答えが見つからなかったとしても、〝わからないことがわかる〟という効果や、新たな疑問が湧いてくることもあり、これからの生活や将来のことを深く考えるきっかけをつかむことができるのです。

つまり、質問は、私たちが無意識に抱いている〝想い〟を表面化させる力を秘めていると考えられるのではないでしょうか。

♣問題解決までをサポートする

お客さまが私たちの質問によって自分自身の〝想い〟に気づくことができたら、次に、どのように行動するのかが、テラーや営業担当者としての最大の関心事になっていきます。

お客さまのニーズは多岐にわたる可能性がありますが、お金に関することやライフプランに関することは、**いつでもサポートするというスタンス**で向き合うことが重要です。

なかには自分で考えて、自分ですべてを決めていきたいというお客さまもいらっしゃることでしょう。そのような場合には、無理に距離を縮めることなく、お客さまを見守るというスタンスを保つとよいですね。

私たちに求められるサポートとしては、主に資産運用の方法、相続問題の解決方法、子育てなど暮らしの知恵、家計の見直しなどが考えられます。これらの問題は、お客さまごとの個別の事情によって異なりますので、質問を丁寧に繰り返しながら、お客さまが求めていることを探っていくことが肝心です。

お客さまと一緒に問題に向き合うことで、信頼を得ることにもつながりますし、問題解決への糸口を見つけることもできるでしょう。

第1章

年代別の声かけの基本をマスターしよう

行動の基本は声かけ、お客さまの年代別に質問のしかたをマスターする

お客さまに対して質問をするのですから、行動の基本は声かけになります。ただし、誰に対しても同じように声をかけていては、個々のお客さまの心には響きません。

お客さまによって、関心のあることや心配に感じていることは異なります。本章では、それらのことを、お客さまの年代別に確認してみることにしましょう。年代別に興味のある内容を想定し、それらをもとに質問することで〝魔法〟を使ってみましょう。

20代のお客さま

20代のお客さまはどちらかというと未婚率が高い傾向があります。独身のお客さまが関心を寄せているのは、一般的に自分自身の楽しみ、キャリアアップ、そして結婚について

などです。それらのことを踏まえて、質問を投げかけていきましょう。

♣趣味や楽しみに関心を寄せているケース

20代のお客さまは年齢が若いだけに、興味のあることをたくさんお持ちでしょう。まずは、その想いを尊重して肯定的に捉えることが大切です。

▼声かけ例
「お休みの日は、お出かけされるのですか？」
「何か、レッスンやお稽古をされているのですか？」
「忙しい毎日だと思いますが、いま、どのようなことに興味がおありですか？」

これらの質問をすることで、お客さまが普段どのように時間を使っているのか、ライフスタイルをお話しいただくことができます。

ライフスタイルがわかったら、お金のことにつながる質問にシフトさせてみましょう。

「旅行が好きなのですね？　次は、どちらへお出かけになるのですか？」
「ピアノを習っているのですか。素敵ですね。発表会などもあるのですか？」
「海外留学にご興味があるのですね。どちらの国へ留学されるのですか？」

お客さまは、それぞれの質問に沿った答えを返してくれるはずです。答えがわかったら、次に『そのためには、どれくらいの費用がかかるのか』などを質問していくことで、お客さまが抱えている問題点や悩みを知ることができます。

プライベートなお金の質問は、デリケートな問題も含みます。ここでは『どれくらいかかるのか教えてほしい』という謙虚なスタンスで質問することが大切です。

質問によって資金的に問題があるとわかった場合であれば、積立タイプの金融商品をご案内できるかもしれません。目的別の個人ローンやカードローンなどのご案内にもつなげることができるのではないでしょうか。

一方、「なかなか休暇が取れなくて」「スケジュールはまだ未定なんです」というような返事の場合には、お金の貯め方とともに、貯めたお金を減らさないためにはどのようにすればよいのか、『ポートフォリオの組み方や運用方法についてもお話しさせていただけないでしょうか』といったアプローチが可能です。

このように、お客さまの返答の内容によって臨機応変に次の質問を投げかけていくことが、お客さまとの会話をうまくつなげるコツと言えるでしょう。

♣キャリアアップを考えているケース

現在の仕事に満足しているか、していないかに関わらず、向学心のあるお客さまはキャリアアップを真剣に考えているものです。質問をする私たちも、それに**ふさわしい振る舞いとお声かけ**がそうしたお客さまの信頼を得るためには必要になります。

▼声かけ例

「どのような分野で働いていらっしゃるのですか？」

「どのような勉強をされているのですか？」

「将来は独立も夢ではありませんね」

これらの質問によって、目の前のお客さまがどのような将来を思い描いているのか、キャリア志向の高さや目標を知ることができるでしょう。

次に、お金に関する質問にシフトしてもよいのですが、担当者である自分が『お客さまのお役に立てることはありませんか』といった質問につなげるとよいでしょう。

「IT関連の会社でプログラミングをされているのですね。難しそうですね」
「会計の勉強をされているのですね。私も興味があるのですが、なかなかできません」
「30歳を目途に独立ですか。しっかり計画されているのですね」

キャリアアップを考えているお客さまの場合、同年代の人に比べて、お金の知識や資産運用についても関心を寄せている人が多く見られます。

キャリアアップの方法には、いろいろあるかもしれませんが、総じてお金に関する悩みの比重が大きくなりやすい傾向にあります。『アドバイスよりもお客さまに寄り添っていきたい』『お客さまと一緒に歩んでいく、お手伝いできることはないか』といった内容の話をしながら、**お客さまの相談相手になることを心がける**とよいでしょう。

特に、独立を目標に掲げているお客さまの場合、融資にも大きな関心を示すはずです。今すぐには難しいかもしれませんが、融資にメリットが出るように、自金融機関との取引を強化してもらうなどのアプローチが考えられるでしょう。

♣結婚を考えているお客さまのケース

結婚はプライベートな問題なので、急に尋ねるのはもちろんＮＧです。結婚に関する質問は、結婚が確実であるか（婚約しているなど）、入籍が近いということが明らかにわかるお客さまに限られます。決して、年齢だけで決めつけてはいけません。

▼声かけ例

「お式の予定は決まっていらっしゃいますか？」

「新婚旅行はどちらに行かれるのですか？」

「新居はお決まりですか？」

窓口や訪問先で、突然このような会話になることはないと思われます。たとえば、お客さまがブライダル関連のパンフレットを持っていたり、一緒に来ている家族や親しい人との会話が偶然聞こえてきたときなどの場面が、お声かけのチャンスと言えるでしょう。基本的にはおめでたい話題ですので、会話が弾むことが考えられます。このような話題では積極的に質問することをおすすめします。もちろん、お祝いの言葉も添えて下さいね。

この後は、もう少し、掘り下げた声かけと質問をしてみましょう。

「(ご結婚は)来月なのですね。準備は終わりましたか？」
「ハワイに行かれるのですね。うらやましいです」
「新居はこれからお探しなのですね。私どもでお手伝いできることはございませんか？」

シンプルに入籍だけというお客さまもいらっしゃいますが、従来通りに挙式と披露宴を考えていらっしゃるお客さまも少なくありません。準備で困っていることや金銭的なことであれば、ブライダルローンなどの目的別ローンの利用ができることをお伝えできるでしょう。

新居の話題では、「賃貸にした」「物件購入を考えているのでお金を貯めたい」「親と同居することになっている」など、一気に多くの情報がもたらされる場合が考えられます。そして、お客さまのこれらの答えは、私たちが質問を投げかけたことにより、考え、出てくることがあるのです。**新たな気づきを与えられたことは、質問として大正解です！**

これからどのようにすればよいのか、マイホーム購入のために、どのような知識を持っておけばよいのかもアドバイスできます。もちろん、住宅ローンの提案も考えられるでしょう。

このように、結婚など、ライフプランに変化があるときというのは、それ相応のお金が動くタイミングです。20代と若いために、とまどうことも多いのではないでしょうか。『一緒に問題を解決していきたい』というスタンスでお声かけしながら、お客さまに寄り添っていくことが大切です。

30代のお客さま

30代のお客さまは、仕事もプライベートも落ち着きはじめ、ライフプランにおいても将来の方向性が定まってくるタイミングです。

この世代では、20代の関心事にプラスして、子育てや教育費、育児休業や働き方、ライフプランの見直しなどに関心が寄せられます。これらの興味に合ったお声かけや質問は、どのように投げかけるとよいのでしょうか。例を挙げて考えていくことにしましょう。

♣子育てや教育費に悩んでいるお客さま

口コミやインターネットなど、さまざまな方面からたくさんの情報が入ってくるため、悩みが深くなりがちな教育費。そのため、『他の方とお客さまは違う』ということも、しっかりと伝えながら質問をする必要があります。

▼声かけ例

「お子さまは何歳ですか？（子供同伴で来店しているお客さま）」
「お受験などはされるのですか？」
「学資保険（子ども保険）などの積立てや保障にご興味はありますか？」

・・●❤●・・

子育てに関する悩みの多くは、時間の捻出と教育費についてです。時間の捻出についてのは、自金融機関でアドバイスすることは難しいのですが、お金に関する悩みであれば、十分に力を発揮できるはずです。

お子さまと一緒に来店されているお客さまの場合、お子さまに対して直接、「いくつ？」というように質問をしてみましょう。お子さまが答えることに対して、親はスルーしにくいものですので、会話がつながりやすくなるはずです。

また、小さなお子さまであればあるほど、おしゃべりをしたがる傾向があります。お子さまが発した言葉や持っているオモチャや絵本などをきっかけにして、質問の幅を広げていきましょう。**親か子の言葉をフォローし、補完することは大切なポイント**になります。

次につなげる質問の例を考えてみましょう。

「来年から幼稚園なのですね。　楽しみですね」
「塾に通われているのですか？」
「こちらでご案内できるプランがあります。ご覧になりますか？」

入園や幼稚園や小学校のお受験には、それ相応のお金がかかります。幼稚園や小学校のお受験は、一昔前なら限られたご家庭だけの話でしたが、少子化が進んだいま、お子さまにお受験をさせるご家庭が増えてきています。

また、お受験の予定がないお客さまに向かってお受験のことを質問しても嫌な顔はされにくいものです。地域性などもありますが、お受験や塾に関する質問から発展させて、世帯主の職業や属性を知ることもできます。世帯主の属性がわかれば、提案できる商品や資産運用方法にもバリエーションを持たせることができるようになるでしょう。

お子さまのいるご家庭の多くでは、学資保険の加入ひいては保険の見直しやライフプランの立て方などに不安を感じているお客さまは少なくありません。郵便局の学資保険は自金融機関からするとライバル商品になる可能性もありますが、人気商品です。しっかりと商品知識を身につけてアドバイスできるよう、スキルアップをはかっておきましょう。

♣育児休暇や働き方に悩んでいるお客さま

自分のキャリア、会社と家庭の板挟みになっている人は少なくありません。そのようなお客さまに必要なファローについて考えておくことも必要です。

▼声かけ例

「育児休業はいつまでですか？」

「時短勤務を利用されるのですか？」

「保育園には入れましたか？」

いずれの投げかけも、ワーキングママとしては、避けて通ることのできない問題です。そして、金融機関では解決することが難しい問題ばかりです。

とはいえ、情報を提供することは可能ではないでしょうか。お客さまのお悩みを耳にしたら、解決するために何ができるのかを考え、次の質問につなげてみることが肝心です。

「お休みの日は、あと3カ月なのですね？」

「時短勤務ができないのは大変ですね。お子さまの預け先は決まりましたか？」

「まだ、（預け先が）見つからないのですね。大変ですね」

・・●・・

いずれもNGな返事をベースに、質問の投げかけを作成してみました。

まず、悩んでいるお客さまにとって一番欲しいのは、〝困っていることに同意してくれる人〟です。場合によっては、家族や親しい知り合いにさえも理解してもらえないこともありますので、真摯に向き合ってくれる人は貴重な存在になります。


時短勤務ができない、お子さまを預ける場所がないという場合、可能な限りアイディアを出してあげることです。もちろん、ここでも質問をしながら、お客さま自身でどのようにすればよいのかを考えてもらうことが大切です。

そして、お客さまの行動をサポートをするために、地域の保育園や託児所の情報などについて、普段から入手してお伝えできると、信頼を得られるでしょう。

困っているときに助けてくれた人に対して、無視できる人はいません。**お客さまの一歩**

先の未来を一緒に見据えるといったスタンスで、相談相手になりましょう。

♣ライフプランに悩んでいるお客さま

30代は、結婚、出産、勤務形態の選択、転勤、キャリアチェンジ、マイホームの購入など、さまざまなイベントがスタートするタイミングです。そのため、本来であればお金を用立てるだけの十分な収入があるご家庭でも、支出時期が重なることで、資金の手当てに苦労しているケースも見受けられます。

このようなお金のお悩みをお持ちのお客さまには、どのような質問やお声かけをすればよいでしょうか。

▼声かけ例

「ライフプランは立てていらっしゃいますか？」

「資産運用の方法などでお悩みはございませんか？」

「保険の見直しにご興味はありませんか？」

ライフプランに関する悩みの場合、具体的に切り込んだ質問をすることが肝心です。そもそも、ライフプランという言葉は聞いたことがあるけれど、どのようなことなのか、どのように対処すればよいのかわからない、興味はあるけれど計画の立て方のコツなども知りたいというお客さまは多くいらっしゃいます。

こちらの質問に興味を示していただけた場合には、時間を作り、お客さまと向き合うことが必要です。では、会話が進んだあと、どのような質問を投げかければよいでしょうか。

「どのようなライフイベントがありますか？」
「興味のある金融商品があれば教えて下さい」
「保険証券を拝見しながら、アドバイスしてもよろしいでしょうか？」

ライフプラン関連の質問や会話は、お客さまにとってデメリットになることが少ないため、お時間を割いて会話に応じていただきやすい傾向にあります。

なお、ライフプランのなかのイベントというと、「特別なこと」とイメージされてしまいますので、たとえば、「入進学のご予定」「マイホーム購入のご予定」「旅行のご予定」「夏休み（冬休み）はどのようにお過ごしですか」など、ライフイベントをお客さまにとって平易でわかりやすい言葉で質問を投げかける、専用の用紙に記入してもらうとよいでしょう。

ライフプランという切り口は、金融機関にとって、お客さまに向かってこれからどのようにアプローチすればよいか、どのような金融商品やサービスを提案できるのかのヒントをつかむのに役立ちます。

金融商品の場合、自金融機関では取扱いのないものもありますが、お金に関する情報という広い意味でアドバイスできるよう、日頃から全般的な商品知識を身に付けておきましょう。特に最近ニュースになっていること、いわゆる時事ネタに関する質問を受けることもありますので、ニュースに目を通し、話題として触れられるようにしておきましょう。

保険の見直しは、多くの人が希望する家計収支の見直しにつながります。見直しをするためには、保険に関する一般的な知識や制度、自金融機関で取扱いしている保険にはどのような商品があるのかなどを覚えておきたいものです。

もちろん、保険専門の担当者にトスアップしてもよいのですが、基本は窓口で接する「あなた」が担当することで、お客さまとの信頼関係をより深く築くことができます。

ライフプランにお悩みがあるお客さまの場合、より多くの質問を投げかけることで、得られる情報も多くなり、その結果お客さまとの距離も近くなっていくことでしょう。

40代のお客さま

40代になると、共働き夫婦であれば、ご夫婦それぞれが勤務先で責任ある立場で働いていることが考えられます。一方、家庭では住宅ローンの返済や子どもの教育費の負担がピークを迎えるタイミングです。そのほかにも、両親や親族の介護などについて、悩み始める時期でもあります。

このようなケースでは、どのような質問を投げかければよいのでしょうか。

♣住宅ローンで悩みを抱えているお客さま

▼声かけ例

「（住宅ローンの）毎月の返済額は、たいへんではありませんか？」
「繰上げ返済などは、ご活用なさっていますでしょうか？」
「団体信用生命保険には加入されていますでしょうか？」

・●●❤●・

住宅ローンの悩みで最も多いものは「返済額が負担になっている」ということ。なかには繰上げ返済に一生懸命取り組んでいるお客さまもいらっしゃいますが、そのために、日々節約ばかりでは、家族の誰もがくつろげない窮屈な生活空間になってしまいます。

金融機関から住宅ローンを借りている場合は、団体信用生命保険（以下、団信）に加入していると思われますが、住宅金融支援機構のフラット35の場合、団信の加入は任意になりますので、なかには加入していない人もいらっしゃいます。

住宅ローンが負担になっているご家庭では、家計の見直しは欠かせません。その際、必ずと言ってよいほど保険の見直しを検討することになります。ただし、団信に未加入の場合、死亡保障を減らし過ぎると、契約者に万一のことがあった場合、ローンの残高を相殺できる機能がありません。団信加入の有無については、忘れずに質問するようにしましょう。

以上の質問を投げかけたうえで、その後、どのような質問を続けていけばよいでしょうか。

▼声かけ例

「支払い方法を変更できるのをご存知ですか？」

「無理せずに返済できていますか？」

「どのようなタイプの生命保険に加入されていますか？」

・●●❤●●・

次の段階では、具体的にお金の状況を踏まえた質問にシフトさせていきます。

特に「住宅ローンの支払いが苦しい」「無理をしながら返済している」といった場合、「最悪、滞納してマイホームを手放すことになったらどうしよう」「教育費の負担もあるし、お金が足りない」など、想像以上の不安やストレスを抱えている可能性があります。

このようなお客さまに対しては、「返済期間を延長して毎月の返済額を減らす」「ボーナス払いとの割合を見直して毎月の返済額を減らす」などの返済方法の変更が考えられますので、伝えてみましょう。

もちろん、お客さまが現在返済している住宅ローンによっては利用できないケースもありますが、『相談することで解決できるかもしれない』という気づきをお客さまに与えられるのは、大きいのではないでしょうか。

また、団信に加入し、生命保険にも加入している場合には、保障準備状況の全体を見直すことで、余分な保障を減らしその分保険料負担を軽くすることで、毎月の支出が減る可能性が出てきます。「毎月の支出を減らすことができたらどうでしょうか?」という質問を重ねることができれば、お客さまへの動機付けも強まり、具体的な家計見直し行動を促すこともできるでしょう。

♣負担が増す教育費についてお悩みのお客さま

子どもが中学、高校、大学へと進学するにともなって、家計における教育費の割合はどんどん大きくなっていきます。〝教育費に悩んでいないご家庭はない〟というスタンスで質問を投げかけていきましょう。

▼声かけ例

「お子さまが高校に進学されるのですね。おめでとうございます」

「お子さまは、どちらの地域の学校へ進学されるのですか？」

「仕送りなど、されているのですか？」

•••❤•••

一口に教育費と言っても、学校へ納める授業料などのほかに、進学塾などへの支払いも費用としてかさみます。以前と比べて子どもの教育にお金をかけるご家庭が増えているようですが、その背景には、学力格差が収入格差などに影響するなどと言われていることなどもあり、子どものためにできるだけのことはしたいと考えるご家庭が増えているからなのです。

「高校へ進学した」。このこと自体は珍しいことではありません。それよりも、大学進学の場合、進学先によっては必要となる教育費に違いがあることを認識しなければならないタイミングでもあるのです。

どの地域で進学するのか、仕送りの有無も大きな悩みとなります。「自宅通学」「寮に入る」「一人暮らしを始める」などによっても、必要となるお金は違ってきます。あわせて仕送りの有無も親の家計に影響を与えますので、収支のバランスについてしっかりと考えておかなくてはなりません。

すでに進学している場合、どうにもならないと考えがちですが、子どもの生活状況やアルバイトなどの収入によって、世帯を切り離したほうがよいケースもあります。具体的には、子どもが離れて暮らしている場合、ひとつの家計として捉えるべきか、異なった２つの家計として捉えるべきかによって、受けられる税額控除や控除額などが違ってくるからです。お客さまには、これらの点についても、じっくりと考えていただきたいところです。

さらに次の段階で、どのような質問を投げかければよいでしょうか。

▼声かけ例

「将来は理系に進むのですね。楽しみですね」

「東京の大学へ進学されるのですか？」

「生活費はお子さまがアルバイトでまかなっているのですか？ ご立派ですね」

進学する大学や学部によって教育費は大きく変わってきます。一般的には、文系よりも理系の教育費がかかるというのは周知の事実ですが、理系でも医療関連となると、さらに多くの教育費の負担となります。

また、文系のなかでも芸術分野に進学する場合、学力を上げるための進学塾のほかに、楽器や絵画のレッスンなど、実技試験に向けたレッスン費用もかかります。そのような場合、1人で3つの学校へ通っているくらいの教育費が必要になる場合もあります。

このように、将来の進学先によって、かかる費用は大きく違ってきます。できるだけ早く親子で話し合って進学先を決めることが大切であることを知ってもらえるように、質問をして促していきましょう。

他方、東京への進学、大学生自ら生活費をまかなうといったケースは、年々増えてきています。それと同時に奨学金や教育ローンを利用して大学に進学している学生も増えてきています。

お金に困ったら収入をアップさせる、どこかから借りてくるなどで乗り切らなければなりません。それが最近の傾向でもあるのですが、就職してもなお、奨学金の返済が続き、ゆとりのない生活が続いている若い社会人も増えてきています。

奨学金など自分で工面する、努力することは大切ですが、将来の長期にわたる家計収支を考えず、安易に借入れを増やしてしまうのはたいへん危険です。

「将来、お子さまには、どのように生活してほしいですか？」という質問も混ぜながら、奨学金は子どもが返済することを改めて認識してもらい、借り過ぎることのリスクについて気づいてもらい、計画的な準備を啓発していきましょう。

50代のお客さま

子どもが独立し、第二の人生、セカンドライフについて考えていくべきタイミングです。また、両親の介護などの問題を抱えているご家庭も少なくありません。

このような場合、どのような質問を投げかければよいのでしょうか。

♣セカンドライフについて悩んでいるお客さま

勤務先からの継続雇用のオファーや転職などについて、いまが最後の機会と捉えているお客さまは少なからずいます。そのようなお客さまの関心を引くためには、どのような質問からスタートするべきでしょうか。考えてみましょう。

▼声かけ例

「定年まで働かれるのですか？」

「雇用延長などもありますので、選択肢がたくさんあって悩みますよね？」

「将来は、ご夫婦お二人でのんびり過ごされるのですか？」

何歳まで働いて定期収入を得られるかは、セカンドライフの家計収支に大きく影響します。最近では、企業によっては定年制を廃止している例もありますし、個人事業主の方であれば、いつまで働くかはご自分で決めることもできます。一方、健康上の理由などで、早いうちにリタイアせざるを得ないケースもあるかもしれません。このことについては、お客さまに聞いてみなければわからないでしょう。

普段、なんとなく考えていることでも、第三者から質問されることにより、改めて向き合わなければならないというきっかけにしてもらえるとよいのではないでしょうか。

将来、ご夫婦で過ごす場合にも選択肢はさまざまあります。今の家に住み続ける、自宅を買い換える、地方へ移住するなどなど。そのほかにも、元気なうちに有料老人ホームに入所するなどの選択肢もあります。「のんびり過ごす」という投げかけの言葉から、お客さまに将来を具体的にイメージしてもらいましょう。

さて、次のステップに進むには、どのような質問を投げかけるとよいでしょうか。

▼声かけ例

「早期リタイアを考えていらっしゃるのですか?」
「この先もずっと働くのですね。頭が下がります」
「故郷へ戻られるのですか。いいですね。故郷はどちらですか?」

50代のお客さまの場合、数年後に受け取ると思われる退職金に関する情報については、金融機関としてしっかりとつかんでおきたいところです。

ただし、「退職金を預けてほしい」とダイレクトにアプローチするよりも、まずはセカンドライフに沿ったお金の使い道の話題に導くことのほうが信頼を得られやすくなります。また、そのようなアプローチや質問を投げかけることで、セカンドライフにおける資金計画の重要性も理解してもらえるのではないでしょうか。

また、住み替え、買換え、住宅ローンの一括返済など、住宅に関するお金も大きく動いてくる時期ですので、不動産に関する知識は不可欠です。

そのほか、子どもの結婚資金の援助などもあります。**予期される支出に対して退職金をいかに有効に使うのかを、**一緒に考えていくスタンスが求められるでしょう。

♣ご両親の介護に悩んでいるお客さま

一緒に暮している、または離れて暮らしているご両親の介護で悩みを抱えているお客さまはいます。誰もが一度は向き合わなければならない介護の問題。いったい、どのような質問を投げかけていけばよいものでしょうか。

▼声かけ例

「ご両親はご健在ですか？」

「介護されているのですか。たいへんですね」

「ご両親とは離れて暮らしているのですか？　お身体が心配ですよね？」

ご両親が健在かどうかは、大きなポイントです。元気であれば後々介護の問題が出てきますし、すでに他界されている場合には、相続が終わっている、もしくは相続問題の最中であることが考えられます。

相続で揉めているお客さまの場合、相談する場所が限られますので、ちょっとした質問がきっかけで、思わぬ相談に発展することもあります。

実際に介護されている場合には、お金の悩みのほかに、いかに介護の時間を捻出するのかといった悩み事もあります。介護に関する行政や民間のサービスについてアドバイスできるよう、地域の介護に関する情報を収集して準備しておくとよいでしょう。

また、ご両親と離れて暮らしている場合、実家のご両親に金銭的な援助をしているケースは少なくありません。扶養にしているかどうかで税額控除などは変わってきます。控除額が変わることで、支払わなければならない税金を抑えることができます。税金の負担が少なくなるという部分までアドバイスできるとよいでしょう。

さて、次のステップで、どのような質問を投げかければよいでしょうか。

▼声かけ例
「（ご両親とは）どれくらいの頻度で連絡を取っていらっしゃるのですか？」
「介護施設への入所も、選択肢のひとつかもしれませんね？」
「一緒に暮す予定なのですね？」

ご両親と離れて暮らしているお客さまの場合、もっとも心配なのが、万一、病気に罹ってしまったとき、スムーズに治療を受けられるのかといったことではないでしょうか。ご両親と直接連絡を取ることは大切ですが、あわせてご両親が近隣でどのような交友関係があるのかといったことも知っておくとよいでしょう。もちろん、ご両親の知り合いにも緊急時にはこちらへ連絡して欲しいと伝えておくと安心です。

家族間で適度な距離を保ちながら、お互い元気で暮らせることがもっとも望ましいのですが、見守るスタンスは欠かせません。

「要介護度が上がった」「体調に不安があり一緒に暮すことになった」など、高齢者の場合、ちょっとしたことがきっかけで、住まいの環境は急に変わります。介護施設に入所する場合、待機期間なども考慮しなければなりませんので、早めに地域包括支援センターや担当のケアマネジャーに相談をすることをお奨めしたいところです。

また、離れて暮らしていたご両親と一緒に暮した後に施設に入所する場合には、知り合いがまったくいない場所で、一から生活を築いていかなければなりません。認知症の場合には、症状が悪化する可能性なども考えられます。自分たちの生活を優先しつつも、**ご両親の生活や快適さを考えて、判断することが必要になります。**

60代以上のお客さま

セカンドライフを迎え、健康に気をつけながら悠々自適の生活を謳歌している世代です。とはいえ、ちょっとしたことが大きな不安につながることもありますので、手放しで喜べるわけではありません。

60代以上のお客さまのお悩みの代表とも言えるのが、公的年金だけでは生活が厳しいこと、もうひとつは相続問題です。これらの根底にあるのは、どちらも〝お金の問題〟です。自金融機関のサポートが活きてくるテーマでもあるでしょう。

そのようなお客さまには、どのような質問を投げかけていけばよいでしょうか。

♣公的年金だけでは老後資金が不足するお客さま

公的年金の受給の有無に関しては、預金通帳から読み取ることが可能ですので、比較的情報を得やすいお客さまであると言えます。とはいえ、その分、自金融機関として具体的に何ができるのかを考え、質問を投げかけていくことが大切になってきます。

▼声かけ例

「公的年金で生活費をまかなっていらっしゃるのですか？」

「住宅ローンなど、残高はあるのでしょうか？」

「ご夫婦だけで暮らしていらっしゃるのですか？」

働き方や加入期間などによって、公的年金の受給額は変わってきます。第1号被保険者の自営業者の国民年金と第2号被保険者の会社員の厚生年金では、年金額に違いがあります。公的年金は、セカンドライフにおける収入の多くを占めますから、お客さまの年金額に関する情報はとても重要です。

一方、支出に目を向けてみると、持ち家か賃貸かによってかかる経費は違ってきます。家計の収支状況に関してはできるだけ多くの情報が得られるよう、ゆっくりと時間をかけて質問していくことが大切です。

ここで注意してほしいのが、一見、質素な生活をしていそうな人が、必ずしもお金に余裕がないわけではないということです。外見と保有資産が大きく異なる例もよくあることです。正確な情報をつかむためにも、公的年金の振込の有無と預金残高などを確認しながら、質問を進めていきましょう。

住宅ローンの返済が残っている場合は、ご夫婦だけでなく、お子さまと同居しているケースも想定しておかなければなりません。安易に決めつけることはできませんが、同居しているご家族からの経済的支援が考えられる可能性も、忘れずに質問して確認していきましょう。

ご夫婦2人での暮らしの場合もお子さまの有無がポイントです。お子さまのことを唐突に尋ねるのではなく、「ずっと、お二人なのですか？」というようにさりげなく尋ねてみてください。

その次のステップでは、どのような質問がよいでしょうか。

▼声かけ例

「公的年金だけでまかなっていらっしゃるのですか？　ご立派ですね」

「（住宅ローンを）退職金で完済されたのですか？　安心ですね」

「お仕事を続けていらっしゃるのですか？　お身体に気を付けてくださいね」

公的年金だけで生活できるのは、ある意味、理想と言えます。厳しいというのも、本当はどうなのかな？　と考えてみたほうがよいケースもあるでしょう。

住宅ローンを退職金で完済しているけれどまだ生活が厳しい場合、「子どもがいない（ため家族の支援がない）」「子どもが協力的ではない」といったことなどが考えられます。お子さまとの同居が確実な場合には、お子さまに関する質問にシフトしてもよいでしょう。

お子さまがおらずに生活が厳しいような場合には、家計の見直しは必須です。お客さまとしっかりと向き合いながら、解決策を提示できるような質問を行っていきましょう。

年金を受給しながら、アルバイトやパートタイムで働くという方はいらっしゃいます。とはいえ、本当に生活費が厳しく働いているのであれば、年金の支払期間の「抜け」はないのかなど年金のもらい忘れがないかどうかも考えて、年金を増額できる可能性はないかを探ってもよいかもしれません。

また、働き続けないと生活が厳しい場合も、家計の見直しや保険の見直しは必須です。働けなくなった場合の対策を一緒に考えていかなければなりません。

♣相続に悩みを抱えているお客さま

60代のお客さまの場合、年齢を重ねたこともあり、気になるのはやはり相続のこと。どのように遺産を分割するのか、遺言書は書いたほうがよいのかと悩む人もいます。

▼声かけ例

「相続について、ご家族で話し合いはなさっていますか？」

「遺言書にご興味はおありですか？」

「相続税はいくらになるのか、試算をされたことはございますか？」


相続について悩んではいるものの、具体的なアクションを起こせずにいるお客さまは少なくありません。財産の分割については、子どもの立場からではなかなか切り出しにくいことです。ぜひ、話し合いの場を設けて、相続人となるご家族の意向を把握しておくようお奨めしておきたいものです。

〝想い〟を伝える必要性は感じていても、「遺言書を書くまでは…」とためらう人もいます。そのようなお客さまにも、質問を投げかけ、どのように想いを伝えていくのかを一緒に考えていけるとよいですね。

資産があるお客さまにとって、最も気になるのが相続税のこと。細かい数字を算出することは難しいと思いますが、基礎控除や小規模宅地等の特例などについての一般的な情報を伝えることはできます。慎重に資産に関する質問を投げかけて、お客さまに有益となる情報を提供できるよう、準備しておきましょう。

その次の段階では、どのような質問を投げかければよいでしょうか。

▼声かけ例
「ご自身の想いを伝えていらっしゃいますか？」

「エンディングノートをご存じですか？」
「具体的な相続税額が気になりますよね？」

相続については、話し合いの場が設けられない、という話もよく耳にします。そのような場合には、自分の気持ちを伝えるだけでも事態は違ってきます。家族それぞれが、将来の相続に向き合うきっかけになりますので、ぜひ、お話しすることをお奨めしてください。その場合にも、こちらがどのようなことをサポートできるのかも伝えてあげて、フォローしていくことが必要です。

エンディングノートは遺言書とは異なり、法的な効力はありません。とはいえ、想いを書き記すことでご家族に伝えることはできます。エンディングノートはその性質上、財産分与というよりも、形見分けなどのときに大いに役立つものです。実際にエンディングノートを書いたあとに、遺言書も書いておきたいという人もいらっしゃいます。遺言書の作成方法、公証役場などについて、自金融機関ではどのようなフォローができるのかを伝えながら、質問していきましょう。

自金融機関では正確な税額を算出できないことのほうが多いかと思われます。とはいえ、取引先の税理士を紹介することができますし、相続に関する商品の案内などもすることができます。税理士に紹介したあとも、その後のフォローを続けていくことが重要です。

♣まとめ

ここでは、年代別に想定できるシチュエーション、投げかけるべき質問を紹介しました。ここで取り上げた質問は、ホンの一部に過ぎません。また、年代別とはいえ、お客さまごとに抱えている悩みや状況も違ってきます。**お客さまの正確なプロフィールを知っているのであれば、それに沿った質問に集中するように心がけましょう。**

お客さまによっては、質問そのものを拒否する場合があるかもしれません。とはいえ、ちょっとした環境の変化などで、状況が変わり、興味を示してくるケースも考えられます。同じことを何度も繰り返して質問するのは鬱陶しく感じられると考えがちですが、**言葉を変え、質問の内容を変えながら質問を継続していく**ことで、イザというときには「あの人（金融機関）に相談してみよう」と覚えてもらうことにつながります。

大切なことは、質問を通して、お客さまが望んでいることに気づいてもらうことです。

そして、それを実現していただくために自金融機関で提供できる商品やサービスについても、しっかりと理解して、質問に取り組んでほしいと思います。

Column ❶

お客さまとの距離の縮め方

「自分は口ベタで世間話ができない」「仕事が手一杯、声かけまでは気が回らない」という人もいるのではないでしょうか。

しかしながら、お客さまと距離を縮める、コミュニケーションを取ることは、ある意味、業務でもあるのです。むりに知らないことを話す必要はありませんが、その場で目にしたことを声かけにすれば、コミュニケーションは取りやすくなるはずです。

具体的には、暑い日、寒い日、雨の日、雪の日などの天気のこと。大きな荷物を持っていたら、どこかへ寄った帰りなのか？　お子さま連れであれば「お子さまは何歳ですか？」と尋ねるなど、本当に普通の会話でよいのです。そして、普通の会話、いわゆる日常会話を繰り返していくことで、お客さまから「自分のことをわかってくれる人」と思われるようになっていくのです。

慣れていくと、お客さまの好みや家族構成などもわかってきますので、商品も提案しやすくなりますし、こちらからのご提案を聞いていただけるようになりますよ。

はじめからむりだと決めつけることはせず、まずは一言、声かけをしてみましょう！

第2章

家族構成別の声かけをマスターしよう

お客さまごとの関心事に踏み込んだ質問でより具体的なニーズを引き出し、ビジネスチャンスにつなげる

前章では年代別の声かけと質問のポイントについて考えてみました。本章では、家族構成別にどのような声かけや質問をするべきかにスポットを当てて考えていくことにします。

さらに踏み込んで、年代別だけでは響かない、その家族独特のライフスタイルや心配事などは何かを考え、その家族が興味のある内容をもとに質問していきましょう。

シングル（独身）

シングル（独身）のお客さまの場合、年代に関わらず、ライフプランの選択肢となり得

るのが、結婚するのかどうかということ。結婚は、以前であれば、20代、30代の世代が関心を寄せるトピックでしたが、近年は、年齢を重ねた世代や再婚を希望する人もいますので、年齢だけでお客さまのライフプランを決めつけないことが大切です。

ほかには、介護や相続といった、シングルならではの悩み事もクリアする必要があるかもしれません。

このようなお客さまには、どのようなことを踏まえて質問を投げかけていけばよいでしょうか。

♣いまのところ結婚の予定がないケース

「結婚したくない」、あるいは「いつかは結婚したいと思っているけれど縁がない」という人もいます。デリケートな話題ですし、ストレートに尋ねると不快に思うお客さまもいらっしゃることと思われます。

▼声かけ例

「マイホームは持ち家なのですか（購入されないのですか）？」

「お休みの日は、どのように過ごされているのですか？」

誰であっても必要になる家だからこそ、マイホームには関心を寄せる人は少なくありません。結婚それ自体についてダイレクトに質問をすると不快感を示す人もいますが、マイホーム関連の質問であれば、不快に思う人は少ないでしょう。

持ち家か、マイホームを購入する・しないに関しては、結婚を機に方針を変える人は多く、話しやすいトピックのひとつです。将来のことをスムーズにお話ししてくれることもあり、ライフプランを知る手がかりとなる質問です。

お客さまのライフプランがわかれば、お客さまに対して、どのような金融商品を提案できるのか、または提案しにくい商品についてもわかってきます。

お休みについての質問も、年齢に関係なく話しやすいトピックのひとつです。女性に多いのですが、「友達やお付き合いしている人と出かける」などと、具体的にパートナーがいるということをお話ししてくれるケースも考えられます。

そのほかでは、「お稽古に出かける」「家でゆっくり過ごしている」などの返事が想定されます。お客さまの返事の中に、結婚に関するヒントが隠されていることは大いにあるでしょう。

では、その次にどのような質問を投げかければよいのかを考えてみたいと思います。

▼声かけ例
「ご結婚が決まって、お引っ越しされるのですか？　おめでとうございます」
「お仲間と趣味の釣りに出かけられるのですね！」

結婚が決まった場合などは、自らお話ししてくれるケースもあるでしょう。その場合には、お祝いの言葉を必ず添えてください。また、家族が増えるということは、新たな取引先が増える可能性を秘めているということですし、お奨めできる商品の幅が出てきます。
個人の結婚する・しないは、あくまで私的なことと捉えてしまいがちですが、リテール営業に力を入れている金融機関にとっては、貴重な情報となり得るでしょう。
お休みの日に仲間と会うというような場合、ライフスタイルに変化はあまり見られないかと思います。趣味の話題やどちらに出かけるのか？ などを質問しながら、シングルライフをどのよう送りたいのかについて探っていくとよいでしょう。

住所変更が伴う氏名変更の場面で、「結婚」について話題にするテラーは少なくありません。ただし、今は離婚に伴い変更するケースも増えてきています。このようなケースでは、決してストレートに質問するのではなく、「新しい生活、お住まいはいかがですか？」など、質問するのが無難です。結婚した場合には、結婚したことを嬉しそうに話してくれることは多いはずです。

離婚してシングルに戻った場合であれば、たいへんなこと、反対にスッキリしたなどのワードを使って、お客さまが自ら現状を話してくれることがあります。このような展開になっても、しっかりとお話を伺うようにしてください。

♣介護や相続で問題を抱えているケース

シングルのお客さまの場合、親のことだけでなく、自分自身の将来の介護や相続に関して、迷いを抱きやすい人は多いものです。

▼声かけ例
「ご両親は、元気にお過ごしですか？」
「将来は、ご実家に戻られるのですか？」

ご両親が元気かどうかという質問を投げかけることで、実に多くの情報を手にすることができます。代表的な例としては、ご両親の健康状態、介護の有無、兄弟姉妹の有無などの親族関係などです。

特に、兄弟姉妹がいないお客さまであれば、お客さまのほうから将来の親の介護について話してくれることがあります。

すでに介護が始まっている場合であれば、誰が面倒を看ているのか？　施設に入所しているのか？　などを話してくれると思います。

実家に戻るかどうかは、兄弟姉妹の有無や、ライフプランにおけるこだわりなどを知るのに役立ちます。

では、次にどのような質問を投げかければよいのかを考えてみましょう。

▼声かけ例

「週末はご実家に戻られているのですか？　たいへんですね」

「お兄様がご両親と一緒に暮していらっしゃるのですね？　心強いですね」

・●●❤●●・

ひとりっ子、兄弟姉妹がいても実家に行って介護を手伝っているケースもあります。このような場合、ひとりっ子であれば介護の負担はあるものの、相続で揉めることはなさそうです。

兄弟姉妹がいるにも関わらず介護をする場合には、家族間でのトラブルがある可能性があります。このような場合には、別途、ライフプランの見直しの提案などで声かけをするとよいでしょう。

実は、「兄弟姉妹がいて、心強い」という質問からは、兄弟姉妹間の仲の良さも、うかがい知ることができます。それは、「心強い」という質問に反応する可能性が高いからなのです。

仲が良い場合であれば、「助かる」「兄嫁や甥っ子や姪っ子も面倒看てくれる」など、好意的な返事が返ってきます。

仲が良くない場合であれば、「知らない」「わからない」「そうですかね？」など、ネガティブな返事が多くなります。シングルで兄弟姉妹間の仲が良くない場合、お客さま本人の介護が必要になったときや親の相続で揉める可能性があるということです。

自金融機関で保険商品の取扱いがある場合には、介護関連の保険商品の提案が想定されるでしょう。相続に関する商品がある場合には、機会を見ながら奨めることもできます。

一口にシングルといっても、年齢はさまざまですし、離婚後にシングルに戻るケースもあります。大切なことは、**思い込みで話を進めないことです。**そのためにも、質問を活用しながら少しずつ情報収集していくことが、のちの提案につながります。

DINKS（お子さまのいない夫婦）

DINKS（お子さまのいない夫婦）といっても、今だけのDINKS、将来もDINKS、結果的にDINKSと、さまざまなケースがあります。もちろん、年齢や結婚するタイミングによってもDINKS期間の長短は変わってきますし、仕事の関係で、子どもを望むのが難しい、健康上の問題などといった場合もあります。

私たちが思い描く家族像は、自分が育った環境などに大きく影響されることが少なくありません。しかしながら、今や家族の在り方や価値観は多様化しています。

質問する場合には、決めつけた発言は避けなければなりません。決めつけの「うっかり失言」は、想像以上にお客さまを傷つけることになります。注意しましょう。

このようなお客さまの場合、なぜＤＩＮＫＳなのかがポイントになります。考えられる問題としては、子どもを授かるタイミングがわからない、家計に不安があるケースなどが考えられます。また、シングルと同様に自分たちの介護や相続のことやセカンドライフの過ごし方についてなどに不安を感じているケースもあります。

そのようなお客さまには、どのようなことを踏まえて質問を投げかけていけばよいでしょうか。

♣子どもを授かるタイミングがわからないケース

「仕事が忙しい」「収入が不安定」などで、子どもは欲しいものの、授かることに不安があることでＤＩＮＫＳになっているお客さまも少なくありません。

▼声かけ例

「ご夫婦そろってお忙しいようですね？」

「最近のお仕事の業績はいかがですか？」

「お休みの日は、ご夫婦で旅行など、お出かけになるのですか？」

たとえば、ＣＩＦ（Customer Information File）などで会社名が載っている場合であれば、お客さまの勤務先はわかります。ある程度の規模や知名度のある会社や地元の企業であれば、その業績はわかると思いますので、会社に関連した質問を投げかけやすくなるでしょう。

会社の業績や収入の安定の有無は、子どもを授かるタイミングを左右するものです。特に業績が不安定なときには、ライフプランそのものに不安を抱いていることがあるかもしれません。

休みの日の過ごし方を質問することで、夫婦の考え方や収入に関することも想像しやすくなります。ＤＩＮＫＳだから使えるお金があるという考え方もありますが、それ以上に考えておきたいのは、収入が高いから趣味にお金をかけられるということです。

十分な収入がある場合には、しばらくはご夫婦の時間を楽しみたいという意向も考えられます。

では、次にどのような質問を投げかければよいのかを考えてみましょう。

▼声かけ例
「早く景気が良くなるとよいですね」
「今度は、どちらにご旅行されるのですか？」

景気が回復するまで待つ、収入を安定させることも大切ですが、景気の回復を待っていると、子どもを授かるタイミングを逃してしまうことも十分に考えられます。ダイレクトに子どもについて質問するのではなく、ライフプランのお手伝いなどとしてアンケート用紙を準備しておき、項目の中で子どもに関する質問をしてみるとよいでしょう。

ライフプランの作成に当たっては、家計の見直しや保険の見直しができる旨、説明しておくと、お客さまに興味を持ってもらいやすくなります。

家計が問題で子どもを授かるかどうかを躊躇している場合、第三者の目を通してアドバイスを受けることにより、方針が定まることも多いものです。

次の旅行先を聞くと、子どもを授かることを考えているお客さまであれば、「3年くらいは夫婦で楽しんで…」などと話してくれますし、なかなか授かることのできないお客さまの場合には、「あまり考えていない」などの返事をすることがあります。

いずれの返事もしっかりと受け止めることが必要ですし、子どもに関する話が出てきた場合には、お客さまと真摯に向き合うことが大切です。

♣セカンドライフに不安を感じているケース

主に、50代以降のＤＩＮＫＳのお客さまが抱える不安であり、かなり大きな問題として受け止めている人も少なくありません。

▼声かけ例
「セカンドライフはどうなさるのですか？」

「（自分を引き合いに出し）イザというときのことを考えると不安になるものですよね」


ＤＩＮＫＳにとって、セカンドライフの入り口は、ターニングポイントになりやすい傾

向にあります。その理由としては、定年を機に住み替える、万一のことを想定して介護施設に入ることを決める、などのことがあるからです。

楽しい話題をたくさんお話しになるお客さまもいますし、「地元に帰ってのんびりしたい」「有料老人ホームに入ろうかと思って」など、今、考えられていることをお話しくださる方もいます。もちろん、退職金に関することもお話しくださることもあります。

自分の例を使って不安なのだと伝えると、「自分も同じだ」と同調する、もしくは「あなたはまだ若いから」などと質問に答えてくれると思われます。

この質問の投げかけをする場合に、自分が20代、30代であれば、自分のことではなく、叔父や叔母、知り合いなどの話題として、不安であることを話していたと伝えるとよいでしょう。自分よりも若いテラーや営業担当者からそのような質問をされると、警戒心を抱かせたり、不信感を持たれることになりかねませんので、注意してください。

では、次にどのような質問を投げかければよいのかを考えてみましょう。

▼声かけ例
「地方に、住み替えられるのですか？」
「姪御さんに頼んでいらっしゃるのですか？」

地方に住み替えるなど、ある程度のイメージができている場合には、自金融機関でお手伝いできることはないのかを提案してみましょう。この提案には住み替え、施設へ入所して生活する場合の家計のシミュレーション、資産運用、相続対策、遺言作成などが考えられます。

夫婦2人だからこそ、決定権は2人にあります。しっかりアドバイスできるよう、準備しておくことが必要です。

テラーが不安を口にしての質問の場合、お客さまからのアドバイスや自分のケースはどうかについて、返事を聞くことができます。その返事に沿って、新たな質問を投げかけて、掘り下げていくようにします。

具体的に誰かに頼んでいる場合、「相続なども準備されているのですか?」などの追加の質問も考えられます。

特に、子どものいない夫婦の相続の場合、**思わぬ相続人**によって、遺したい人に遺せないという事態が考えられます。遺言書の重要性はもちろんのこと。相続対策に当たって、どのようなことに注意しておくとよいのか、自金融機関の相続関連サービスなども適宜案内できるとよいでしょう。

夫婦とお子さまがいる家族

日本では、一般的にモデルケースとなるのが夫婦とお子さまがいる家庭です。そのため、さまざまなメディアなどから情報を手に入れることができますし、アドバイスを受けることが可能です。

しかしながら、それらはあくまでも全く問題のない家庭がモデルになっていることが多いようです。

金銭的に問題がなくても家族間のコミュニケーションの問題はあるかもしれませんし、親戚付き合いで悩みがあるかもしれません。大切なことは、その家庭・家族が抱えているであろう**問題にフォーカスする**ことです。

それでは、個別の問題にフォーカスするための質問は、どのように投げかけていけばよいでしょうか。

♣プライベートな問題を抱えているケース

他人から見ると、取るに足らないことであっても、その家族にとっては重要な問題となっているケースもあります。そして、そのような問題やプライベートな問題は、身近な人には話しにくいこともあり、相談できずにいるお客さまは多いものです。

▼声かけ例
「学資保険（子ども保険）に加入されていますか？」
「○○さまにお奨めしたいと思っている商品があるのですが、今お時間ありませんか？」
「ライフプランは立てていらっしゃいますか？」

•••❤•••

ここでは〝学資保険（子ども保険）〟と言っていますが、生命保険でもよいですし、医療保険でもＯＫです。ここで入手したい情報は「保障」です。

日本人は保険好きとも言われており、生命保険への加入を当たり前として捉えている人は少なくありません。また、現在、加入していない場合には、「すぐに加入したほうがよい」と考えている人は多いものです。

保険の加入の有無から見えることは、家計についての金銭的なゆとりです。

お客さまの中には、生活が苦しくても保険料を払い続けているという人もいますが、一方、解約を考える人は少なからずいます。加入の有無について質問すると、「入りすぎているかも?」「入ったほうがよいと思うのだけど…」などの返事を聞くことができます。

また、保険という商品の質問を使っているため、無意識に金銭的なゆとりや教育費の準備などのお金に関する話題に発展しやすくなりますし、お客さまの個別の悩みを知る手がかりともなります。

お奨めしたい商品がある場合、必ず取り組んでほしい声かけとして、「○○さま」というように、お客さまのお名前をお呼びするということです。「お客さまとして自分にお奨めする商品ってどんなものだろう?」と興味を持ってくれる可能性が高いからです。

この場合、自金融機関で取り扱っている商品の中で、お奨めできるものをあらかじめピックアップしておくことも重要です。

ただし、投資に興味がない人に投資信託の話題をしても空振りになってしまうことがありますし、カードローンなどでは、借りたくないと難色を示されることが考えられます。
でも、それはお客さまのニーズを知る第一歩です。お奨めした商品ではなく、どのような商品に興味があるのかを改めて質問し、お客さまが利用できる、興味のある商品は何かを探っていきましょう。

もちろん、お客さまの興味があることや悩んでいることがわかっている場合には、ダイレクトに興味のあるものに関連している商品を選んでお奨めしてください。

ライフプランに関する質問を投げかけると、「興味がない」「よくわからない」「自分には必要ない」などの返事が返ってくる一方、「興味がある」「相談したい」などの前向きな返事の場合もあるというように、お客さまの反応は千差万別です。

「興味がある」というお客さまについては、相談につなげて、個人的な悩みや解決したいこと、自金融機関でお手伝いのできることに展開していきましょう。

では、次にどのような質問を投げかければよいのかを考えてみましょう。

▼声かけ例

「終身保険の適正な金額が知りたいのですね？」

「住宅ローンにご興味があるのですか？　物件はお決まりですか？」

「お子さまの進学について、すでにお話し合いはされているのですか？」

・●●❤●●・

保険関連の質問をすると、関連する中で疑問に思っていることや不安に思っていることに話題は変化していきます。このような場合には、保険の加入状況をお聞きしながら、シミュレーションするようにします。可能であれば、日を改めて保険証券やお金に関する資料などを持参してもらうようにしましょう。

アプローチは保険になりますが、幅広く、お金に関する相談へと発展させることができます。

お客さまが興味を持っているテーマが住宅ローンの場合、自金融機関で取り扱っている住宅ローンの説明および金利やその他の優遇サービスなどを説明していくことで、取引のメイン化を促すとよいでしょう。

また、お客さまの中には、住宅ローンの「審査が通るのか」を気にして質問してくるケースもありますので、物件が決まっているかどうかの確認もしてください。

物件が決まっていない場合には、どのような項目を審査するのか、仮審査について、返済に関する情報などもお伝えするようにします。

そのほか、自金融機関で不動産の取扱いが可能な場合には、物件探しのお手伝いとともに、住宅ローンを組んでもらえるよう、担当部署と連携してサポートしていくようにしましょう。

住宅ローンを利用するお客さまの場合、給与の振込口座の指定、公共料金の口座引き落とし、子どもの教育費の引き落とし口座など、メイン化しやすい傾向があります。

住宅ローンの話題から逃げて、『部署が違う』と敬遠してしまうテラーもいるようですが、担当外の業務についても最低限の知識は備えて説明できるようにしておくのが基本です。もちろん、専門的なことは、担当の部署へのパイプ役として、お客さまをフォローしていきましょう。

ライフプランを話の取っ掛かりにして、具体的な教育費の話題にシフトしていくことは、よくあります。このような場合、進学について話し合いはされているのかを確認するようにしてください。

進学先によってかかる費用は違ってきます。必要なお金はいくらくらいになるのかを認識してもらえるよう、話していきましょう。必要なお金、すなわち準備しなければならないお金がわかったら、運用できる期間はどれくらいか、お金を準備するためにはどのような運用方法があるのか、どのような商品を使って資産運用するとよいのかなどをお客さまと一緒に考えながら、提案していくようにしましょう。

夫婦とお子さまのいるご家庭の場合、一般的な家族のモデル・目安として取り上げられることは多いのですが、悩みは同じではありません。モデルとなるケースなどはありません。だからこそ、プライベートな内容に踏み込めるようなアプローチが求められますし、プライベートな問題に寄り添うことで、お客さまの信頼を得やすくなるはずです。

介護に取り組んでいる家族

年代に関わらず、両親や祖父母、配偶者、お子さま、親戚などの介護に取り組んでいるお客さまもいることでしょう。高齢化が進む中、今でこそ社会全体で介護に理解を示すような流れになってきていますが、実際には、介護によって、金銭的な負担はもとより、時間的な拘束を抱えて苦しんでいる方は少なくありません。

そのようなお客さまには、どのようなことを踏まえて質問を投げかけていけばよいでしょうか。

♣金銭的な負担で悩んでいるケース

公的介護保険制度が整備され、以前に比べて介護に関する金銭的な負担は減ってきています。しかしながら、介護の状態は個人ごとに違いがあります。公的介護保険だけは支出をまかないきれずに追加でサービスを受けざるを得ず、金銭的な負担が家計に重くのしかかってしまっている例もあります。

▼声かけ例
「介護保険でまかなえていますか?」「介護保険だけで足りていますか?」
「介護にかかる費用は、考えていた以上にかかるとお聞きします。いかがですか?」

公的介護保険だけでまかなえるのか、足りているのかという質問を投げかけることで、その家族がどれくらいの「経済的なゆとり」があるのかを知ることができます。
その「ゆとり」とは、お金のことです。確かに公的介護保険だけでは足りない事柄はいくつかあるのですが、マンパワー不足なら追加でサービスを受ける、施設に入所するといった方法を採用することが考えられるからです。

もうひとつの質問は、「考えていた以上にかかるとお聞きしますが…」という、教えを乞うというスタンスです。実際に介護に取り組んでいるお客さまであれば、体験談を話してくれますし、金銭的に苦しいというのなら、どのように工面しているのかなども、話してくれるかもしれません。

では、次にどのような質問を投げかければよいのかを考えてみましょう。

▼声かけ例
「お父さまの介護費用はご兄弟で負担されているのですね？」
「介護に関する助成金があるのをご存じですか？」

親の介護のあとに続く問題として、相続問題が考えられます。ただし、兄弟姉妹がみんなで負担しているような場合には、「親の預貯金が少ない」「年金などの収入では足りない」ということも考えられます。一般的に、財産が少なければ相続は揉めないと考えられがちですが、財産の多い少ないに関わらず、相続で揉める可能性はあります。

もし、目の前のお客さまが介護費用を負担しているのなら、まずは介護される本人のお金を使い、足りない場合などは、兄弟姉妹で負担するほうがトラブルに発展しにくいことを伝えるとよいでしょう。

兄弟姉妹がいるにも関わらず、お客さまのみが費用を負担し、金銭的な不安や問題を抱えているケースは少なくありません。責任感が強いのはとても立派なことですが、万一のときには法律に従って財産は分割されます。兄弟姉妹や親族などに、負担の一部をお願いすることの必要性を伝るべきかもしれません。


介護に関して利用できる助成金については、ぜひ押さえておきましょう。

介護しやすいように自宅をリフォームするときには、要介護認定で「要支援・要介護」と認定されていれば、「住宅改修費」として工事費用（上限20万円）の7～9割まで支給してもらえます。

1人につき18万円程度が助成されることになっていますので、同じ家の中に要介護認定を受けている人が他にもいる場合は、人数分の助成金が受けられます。

また、ポータブルトイレや入浴用のいすなどの福祉用具を購入する場合には、公的介護保険から1年間につき購入費10万円を上限に、最大で9万円まで支給を受けられます。

　そのほか、公的な貸付制度などもあります。ご案内する際には公的な制度とともに、自金融機関の商品なども一緒に説明するとよいですし、家計の見直しをすることで、少しでも金銭的な負担を軽くすることはできないかを、お客さまと一緒に考えていきましょう。

♣時間的な余裕がなく悩んでいるケース

　親の介護のために離職する、正社員からパートタイムに変えるなど、働き方を変えたという人も少なくありません。

▼声かけ例
「お仕事と介護の両立はたいへんですよね？」
「介護施設などに入所はなさらないのですか？」

　すでに離職してしまっている場合や働き方を変えていることもあるかもしれませんが、まだ今までと同じ会社で働いているのなら、会社の制度を確認してもらうよう促しましょう。

時間的な余裕はすなわちマンパワー不足を意味するのですが、他に兄弟姉妹や家族がいるのなら、みんなに協力してもらえるよう、話し合いをすることをお奨めするようにします。

ここでよくあるパターンとしては、距離的に他の兄弟姉妹は介護の手伝いはできないというような場合です。このようなケースであれば、費用を負担してもらい、公的介護保険ではまかなえないサービスを追加するなどの方法をとることができることをアドバイスしましょう。

施設へ入所したくてもできないという話をよく耳にします。入所要件を満たすことが必要ですが、地域ごとに空き状況は違いますし、特定の施設であればスムーズに入所できることがあります。ケアマネージャーと今一度、話し合ってみることをお奨めしてください。

では、次にどのような質問を投げかければよいのかを考えてみましょう。

▼声かけ例
「リフレッシュする時間は取れていますか？」
「お父さま（お母さま）は、どのような介護を希望されているのですか？」

金銭的な負担を減らすことが難しい場合には、いかにして「介護する人がリフレッシュする時間を持つのか」がポイントになります。

高齢化が進む今、介護に関連する相談は今後さらに増えることが予想されます。自金融機関ですべてのアドバイスをすることは難しいと思われますが、介護をする人が集まる地元のオフ会やオンラインコミュニティを紹介することはできます。ぜひ、介護関連の情報を提供できるよう準備しておきましょう。

兄弟姉妹が介護できない、金銭的に負担も無理などという場合であっても、一定期間に数日は介護を代わってもらえるよう、話し合いをすることも必要です。
そのほか、介護のケアプランを作る際にも、どのようなサービスを使うのかも考えながら、介護する人の負担が軽減されるような方法はないのかをケアマネージャーと探っていくことが必要なことをお伝えしましょう。

介護されている人がどのような介護を希望しているのかも大切なポイントです。介護する側は、自分たちが介護しなければと考えている場合であっても、介護される側は、「ゆっくり過ごしたいけれど、たまになら施設に行ってもいいかな?」ということもあるからです。

金銭的な問題がないなら、公的介護保険で使えるサービス・プラスαで、マンパワー不足を補うことを考えてもらうようにしましょう。

♣まとめ

本章では、家族構成別に想定できるシチュエーション、投げかけるべき質問を紹介しました。

同じ年代であっても家族構成や金銭的なゆとり、ライフスタイルによって、抱えている

悩み、将来、抱えるであろう問題は違ってきます。

質問する際に心がけてほしいのは、**お客さまの立場に立って質問する**ことです。自分の思い込みや、一般的には…などという理由で質問を投げかけてしまうと、お客さまをフォローするどころか傷つけることにもなりかねません。

ここで取り上げた質問は、ホンの一部にすぎません。単なる例ですし、すべてのご家族に当てはまることではありません。どのような質問を投げかけたらよいのかわからないのであれば、わからないことや疑問に思っていることを質問してみてください。その質問に、お客さまをフォローしたいという想いが込められているのなら、お客さまも真剣に答えてくれるはずです。

質問を投げかける際には、年代別の質問と家族構成別の質問を組み合わせるのもよいと思います。大切なのは、お客さまと真心を持って向き合う姿勢ではないでしょうか。

Column ❷

わからないことへの対処のしかた

商品知識はあるほうがよいのですが、自分が関わらない業務のことなどは正確にはわからないということも多いと思います。そのような場合には、「わかりません」と答えるのも誠実ではありますが、それではお客さまとの会話は成り立ちません。

商品知識なら、勉強して知識を身につけることが望ましいのですが、誰に聞けばよいのかを知っておくというのも大切なことです。

たとえば、ｉＤｅＣｏ（イデコ）について質問された場合、自分がわからなくても、詳しい同僚がいるハズです。そんなとき、店内の誰に引き継げばよいかを知っておけば「詳しい者から説明させていただきますね」とお客さまのご要望に応えることができます。

自店内では回答に困るような質問の場合は、どこに、どの機関に問い合わせればよいのかを知っておくだけで安心です。

ただ、最低限、金融に関して話題になっていることは、その言葉と簡単な意味は知っておくべきです。日頃からニュースや新聞をチェックしておき、正確な意味を理解しておくようにしましょう。

第3章

シチュエーション別の声かけをマスターしよう

店頭、職域、セミナーなど、場面別の質問&声かけをマスターする

本章では、店頭、職域、セミナーなどのイベント時など、シチュエーション別に質問をする際の声かけの対応についてスポットを当てていきたいと思います。

シチュエーションが違っても、質問として投げかける言葉に違いはありません。とはいえ、シチュエーションが違うだけで、いつもと違う雰囲気を感じ、同じ質問を投げかけられても違う感情が生まれることがあることに注意して下さい。

それでは、場面別に見ていくことにしましょう。

店頭での声かけ

店頭で質問をする際にポイントとなるのは、お客さまがどのような状態で来店されてい

るのかということ。ひとりで来ているのか？　何かのついでに立ち寄ったのか？　どのような持ち物を持っているのか？　これらも重要なポイントになります。

このようなお客さまには、どのようなことを踏まえて質問を投げかけていけばよいでしょうか。

♣いつもと違う来店スタイルのケース

いつもは、ひとりで来店されているお客さまがお孫さんらしきお子さまと来店した、いつも夫婦で来店しているのに、ひとりで来店した、そのようなケースはよくあるのではないでしょうか。

▼声かけ例

「今日は、お孫さんと一緒なんですか？」

「今日は、ご主人とご一緒ではないんですね？」

お孫さんと来店、お子さまと来店ということもあるでしょう。ただ、いつもはひとりで来店するのに、今日はお子さまが一緒…という場合は、何らかの事情があるからなのです。たとえば、娘さんが職場復帰をして預かるようになった、息子さん夫婦が急用で出かけているので、急遽、預かるようになったなどが考えられます。

質問に対する返事は、楽しいこと、幸せなことはありますが、逆に不幸な理由も考えられます。そのようなときには、どのような声をかけるべきか、**あらかじめマニュアルとして準備しておく**と安心です。

また、家族構成がよくわからないとき、「孫」と決めつけるのは要注意です。若くして結婚しているお客さまもいますし、年齢を重ねてから結婚される方もいます。明らかに孫ぐらいの年齢とわからない場合には、「今日は、お子さまと一緒なんですか?」と尋ねるようにしましょう。

もうひとつの質問は、いつもは夫婦で来ているにも関わらず、ひとりで来たお客さまに対しての投げかけです。

質問への返事が、「旅行へ行った」「忙しい」「今日は留守番している」などならよいのですが、「入院した」「体調が悪い」などの返事があった場合には、必ず労う言葉を添えるようにしましょう。

では、次にどのような質問を投げかければよいのかを考えてみましょう。

▼声かけ例

「娘さんが里帰り出産で帰省されているのですか？　それで、上のお孫さんの面倒をみていらっしゃるのですね…」

「ご主人、入院されたのですか？　それはご心配ですね」

里帰り出産などで、孫の面倒をみなければならなくなったケースはよくある話です。このようなお客さまは、将来の学資保険（子ども保険）加入の見込み先ですし、保険の見直しゃ各種積立のアプローチが可能になります。突然話を進めるのではなく、予定日はいつか？　出産後はいつまでこちらにいるのか？　などを質問しておき、出産後にアプローチするとよいでしょう。

その理由としては、あくまでもお客さまにとっては孫であり、自分の子どもではないからです。イニシアチブは娘（息子）さんサイドにあることを忘れてはなりません。

反対に、妊娠中の娘さんなどが一緒に来店されるようなことがあったら、妊娠中でも加入可能な学資保険（子ども保険）の説明をしておくとよいでしょう。あわせて家計の見直しのお手伝いもできるのであれば、それをアピールしてください。出産すると、身動きが取れなくなるだけでなく、保険や資産運用に関しては後回しになりがちです。時間が取れる「今がチャンス」であることも伝えましょう。

ご高齢のお客さまの場合、配偶者が入院してしまい、ひとりで来店になるということもあります。このような場合には、「ご心配ですね…」と、必ず声かけをしましょう。

以前であれば、病状については何も話さない人が多かったのですが、近ごろでは「ガン」であることや「リハビリが必要になった」などと話してくれるお客さまもいらっしゃいます。そのような話をするお客さまには、**しっかりと耳を傾ける**ようにしてください。

「お二人でいらっしゃるのをお待ちしています」「無理はなさらないでくださいね」「私どもでお手伝いできるようなことがあればおっしゃってください」など、臨機応変に応対していくことが必要です。

病気になったと聞いた場合、「早く治るとよいですね」という投げかけをすることは多いと思います。とはいえ、どのような病気なのかがわからない場合には、あくまでも来店されているお客さまを気遣うことに、留めておくようにしましょう。

このような会話をしていると、保険に関する質問や国の保障に関する質問に話が及ぶことがあります。

保険の場合は、「解約してしまった」「これからは入れないよね？」など、病気になって、初めて医療保障を見直したいと思うようになったという話も耳にすることがあります。

病気の種類にもよりますが、完治したあとに加入できる保険があるかを調べることはできますし、来店されているお客さまが未加入であれば、そのお客さまに対してアプローチすることができるかもしれません。

職域における対面

職場というパブリックな場所の場合、どこまでプライベートな話題に踏み込むのかがポイントになります。答えにくいこと、反対に答えやすいことなどもありますので、個人に向けた質問であれば、周囲に気を配りながらの声かけがとても大切です。

全体に対する質問を投げかける場合であれば、その会社が抱えている問題などがあるのであれば、それにつながるような質問を投げかけるとよいでしょう。

▼声かけ例

「お休みの日は、どのように過ごされているのですか？」

「みなさんは、年金対策で何かなさっているのですか？」

・●●❤●●・

休日の過ごし方を聞くと、趣味に打ち込んでいる人、家族サービスしている人、マイホームが欲しくてモデルハウスや物件巡りをしている人、スキルアップのために学校へ通っている人など、いろいろなお客さまがいることがわかります。なかには、ご両親や祖父母の介護で帰省するという人もいるかもしれません。

いずれの話題であっても、休日の過ごし方がわかるということは、その人が「今、何に関心を持っているのか」を知ることができます。その人が関心を寄せていることに関連した商品はないか？　ある場合には、次にどのように声かけをすればよいのか？　を考えることができます。

職域のお客さまは、給与振込は自金融機関に設定されていることがほとんどなのですが、必ずしも、その人、その家族にとって、メインの金融機関というわけではありません。一歩踏み込んだ情報をつかむことで、提案すべき商品を絞り込むことができるようになり、メイン化を進めるのにも役立ちます。

このように、一見すると遠いように思える「休日の過ごし方」の質問は、金融機関で働く私たちにとっては、多くのことを知るきっかけにもなるのです。

退職金制度が未整備の会社であれば、多くの人が気にしているはずのトピックは、将来、受け取るであろう年金のこと。公的年金はいくらになるのかはシミュレーションできるのですが、個人で準備しなければならない金額はいくらなのか。退職金がない分、不安は大きくなります。

一般的には、個人年金に加入している、資産運用しているというポジティブな返事は少なく、「どうしたらよいのかわからない」という声のほうが大きい傾向にあるようです。

もし、多くの従業員が年金や将来のお金に対して不安を抱いているのなら、担当者にセミナーを提案することもできますし、個別に相談会を計画することもできますね。

では、次にどのような質問を投げかければよいのかを考えてみましょう。

▼声かけ例

「ご家族でキャンプを楽しんでいらっしゃるのですね？」

「個人年金保険に関心がおありなのですか？」

たとえば、家族でキャンプに行くことが趣味というような場合、キャンプにはキャンプグッズのほか、マイカーなどの移動手段が必要になります。キャンプを楽しむ人の場合、アウトドア志向の自動車が欲しいというニーズがあるかもしれませんし、地方であれば、一般的な普通車のほか、アウトドア用の自動車の2台目が欲しいということもあります。このような場合には、マイカーローンの提案ができるかもしれません。また、駐車場がないという駐車場問題から発展して、マイホームを購入したいなど、話題が住宅に展開することも少なくありません。

このような展開をこちら側から提案するのはよくありませんが、質問をしていくことは可能です。あくまでも**お客さまの希望をお聞きする**スタンスを忘れてはなりません。

「個人年金保険に入りたいけれど、病気をしたから入れない」というお客さまはいらっしゃると思います。たとえば、生命保険会社の個人年金保険に加入することができなくても、その他の手段で年金原資を準備する方法があるかもしれません。また、資産運用して、その運用益を年金として受け取るという方法もあるのではないでしょうか。

「年金」は入り口の言葉であって、必要なのはあくまでお金（現金）です。お客さまがイメージする個人年金保険に代わる金融商品をいかに提案できるかが、ポイントになると言えます。

また、金融商品や保険商品での提案は、お客さまの年齢によって、取扱年齢を超えてしまうこともあります。そのような場合には、資産全体で判断することが必要ですので、来店してもらい、個別に「家計の見直しができますよ」とお誘いしながら、営業担当者とテラーとの連携も必要になるでしょう。

セミナーやイベントなどでの対面

自金融機関が主催してセミナーやイベントを実施する場合、もしくは、セミナーやイベントに呼ばれる場合があるのではないでしょうか。そのようなシーンでは、どのような質問を投げかけるとよいのでしょうか。

大切なのは、その場にいる人に対して、質問を投げかけること。**誰もが自分に向けられている質問だと思える内容**がよいでしょう。

▼声かけ例

「セミナーを聞いて、どのように行動しようと思いましたか？」

「自分たちにとって、一番大切なことは何だと思いますか？」

セミナーやイベントの内容にもよりますが、今回、参加したことをきっかけに、どのような行動を取っていくか、考えていただく質問が欠かせません。そのような質問の場合、考えてはみたものの、自分の場合はどうなのだろうか？　と、お客さまは新たな疑問を生み出すことになります。また、せっかくセミナーに参加したのだから、この場で解決したいと、個別の相談につながることも少なくありません。

「一番大切なことは何か？」という質問の投げかけは、普段、考えることに慣れていないお客さまにとっては、とても難しく感じる質問です。その場合には、必ず「たとえばこういうことがあるのでは？」などの具体例を解答例として示してあげてください。

もし、セミナーの内容が「セカンドライフを楽しむための準備」というものであれば、家族との対話や想い、パートナーを思いやる気持ち、具体的な計画、相続で揉めないようにするなどがあるのではないでしょうか。

▼声かけ例
「投資信託の勉強を始めたいのですね？」
「ご家族がどう思うのかは大切ですよね？」

セミナーやイベントなどでのレスポンス・返事は、多くの人がいるので、なかなか話してくれないことがほとんどです。そのためにも、特定の人に「お客さま（○○さん）はどう思いますか？　と個別に質問するとよいでしょう。衆人の前とはいえ、セミナーに関連した答えですので応じやすく、何らかの答えを導きだしてくれると思われます。

投資のセミナーなどで、投資信託の勉強を始めたいということであれば、自金融機関で詳しく説明できるアドバイスや口座開設のお手伝いなどをアピールすることができるのではないでしょうか。

個別に家計の見直しなどができるのなら、そのことを伝える、お客さまの返事に関連したセミナーやイベントがある場合には、それも情報として伝えるとよいでしょう。

とはいえ、実際にお客さまと向き合うためには、**「多」より「個」のシチュエーションが大切**です。可能な限り、個人での来店に結び付けられるよう、アプローチすることが大切です。

「家族がどう思うのかは大切」というのは、お客さまに同調している場合を想定しています。実際に答えてくれたお客さまには、感謝を示しつつ同調するようにしましょう。実際に、同調を示すと、更に話をしてくれることもあります。それらの言葉を受け止めることも欠かせません。

セミナーやイベントなどは、テーマによって年齢層は違ってきます。**あらかじめ来店するお客さまのデータを入手しておき、どのようなお客さまがいらっしゃるのかを確認しておくことで、その人たちが納得できる情報の提供および質問の投げかけの準備をしておきましょう。**

♣まとめ

シチュエーション別と言っても、その場で向き合うお客さまのパーソナルデータが変わるわけではありません。どのようなシチュエーションであっても、適切な質問の投げかけができるよう、準備をしておく必要があります。

特にセミナーやイベントなどで見受けられるのですが、質問とその答えが一致しないような印象を持つことがあります。お客さまが質問の意図を勘違いしていることも考えられますが、**どのような返事・答えが返ってきても、まずはすべてが正解と受け止めましょう。**

このような場合、無理に方向を修正するのではなく、**いったん受け止めること。**そして必要があるような場合には、**追加で質問を投げかける**ようにします。

同じシチュエーションであっても年齢によっても捉え方は違ってきます。自分のペースではなく、相手のペースに合わせることもお忘れなく。

第4章

質問に使える関連知識を押さえておこう

お客さまの本音や共感を引き出す際に欠かせない最低限の専門知識を身に付ける

ここまで年代別、家族構成別、シチュエーション別に、どのように質問を投げかけるのか、その考え方は——などについて学んできました。

とはいえ、ただ質問を投げかけただけでは、お客さまからの本音や共感を引き出すことは難しく、次の商談のステップにはなかなか進めないものです。質問を効果的にするためには、最低限、必要となる商品知識を備えておかなくてはなりません。

本章では、最低限押さえておきたい金融商品、関連することにはどのようなものがあるのか？　どのように学んでいけばよいのか？　にスポットを当てていきます。

♣押さえておきたい金融商品知識

金融機関によって、販売したい金融商品は違ってくるかもしれません。しかしながら、どの金融機関においても最低限知っておきたい、押さえておきたい金融商品があります。

特に、個人向け、いわゆる**リテール営業に欠かせない商品は押さえておかなくてはなりません。**

【1】投資関連

①ＮＩＳＡ
日本在住で20歳以上の人が利用できる。毎年の非課税投資枠から得た利益・分配金にかかる税金はゼロになる。非課税投資枠は年間で１２０万円。投資期間は最長５年。投資可能期間は２０２３年まで。

声かけ例▼
「非課税で運用できる制度をご存知ですか？」

②つみたてＮＩＳＡ
日本在住で20歳以上の人が利用できる。２０１８年から始まった少額投資非課税制度。
「ＮＩＳＡ」と同様に毎年の非課税投資枠から得た利益・分配金にかかる税金はゼロにな

る。非課税投資枠は年間で40万円。投資期間は最長20年。投資可能期間は２０３７年まで。

声かけ例▼

「毎年、非課税で積立運用できる制度があれば、利用したいと思われますか？」

③ジュニアＮＩＳＡ

日本在住で０歳から19歳までの人が利用できる。非課税投資枠は年間で80万円。非課税期間は最長５年。投資可能期間は２０２３年まで。18歳まで原則払い出し不可。

声かけ例▼

「教育費を非課税で運用する方法をご存知ですか？」

④ｉＤｅＣｏ（イデコ）

個人型確定拠出年金のこと。月々５０００円から掛金を拠出して、投資信託などの金融商品を自分で選んで運用。原則60歳以降に年金または一時金で受け取ることができる。掛金は全額が所得控除の対象で、運用益は非課税。受け取る時にも税金が軽減されるため、節税効果が大きい。

声かけ例▼

「セカンドライフに備えて、非課税で運用できたら嬉しいですよね？」

⑤投資信託

投資家から集めたお金をまとめて、運用の専門家が株式や債券など投資・運用する商品のこと。運用成果は、投資額に応じて分配される。元本保証ではないため、リスクがある商品として認識されているが、投資初心者向けの商品もある。

声かけ例▼

「資産運用は難しいし、プロに任せたいと思ったことはございませんか？」

⑥外貨建て積立

外貨で運用する商品。入金は円、運用は外貨、受け取りは円が一般的。為替リスクが伴う金融商品。

声かけ例▼

「外貨でも積立ができるのをご存知ですか？」

［2］生命保険関連

①終身保険

一生涯にわたって保障する死亡保険。掛け捨てではないため貯蓄性を備えている。

声かけ例▼

「保険に加入する場合、貯蓄性も考慮されますか？」

②定期保険

決められた一定期間のみを保障する死亡保険。掛け捨てになるので保険料は終身保険より割安。

声かけ例▼

「働きざかりのときだけなど、一定期間に保障される保険をご存知ですか？」

③収入保障保険

万一のとき保険金を年金で受け取る方式。期間の経過とともに保障額は減っていく。掛け捨ての保険だが、ライフステージの変化に合わせて保障を準備するのに向いている。

声かけ例▼

「ライフステージに合わせて保障額が変化する保険をご存知ですか？」

④学資保険（こども保険）

子どもの学費を準備するための保険。一時金を受け取るタイミングを選ぶことができ、満期受取金がある貯蓄性を備えた保険。契約者に万一のことがあったときには、契約によって、保険料払込免除が受けられる。

声かけ例▼

「教育費はどのように準備されていらっしゃいますか？」

⑤医療保険

入院や通院時に給付金が支払われる保険。既往症の有無等によって、加入が制限されるタイプの保険もある。

声かけ例▼

「万一、病気になってしまった場合の備えはどのようにされていますか？」

⑥ガン保険

ガンと診断されると、保険金が一時金として給付される（ガンの種類によっては対象外となるものもある）。入院や通院時もカバーされる。

声かけ例▼

「ガンは治る病気と言われています。金銭的に備えていらっしゃいますか？」

⑦個人年金保険

公的年金や厚生年金だけでは足りない部分を自分で用意する私的年金のこと。一定期間のみ受給するタイプや終身にわたり受給できるタイプなど、いくつかの種類がある。

声かけ例▼

「セカンドライフに備えて、金銭的な不安はございませんか？」

【3】損害保険関連

生命保険会社の保険は人に対する保障。損害保険会社の保険はモノに対する補償となる。生命保険に加入できないような場合、損害保険の保険商品で代用できるケースがある。

①火災保険

火災が生じたときに支払われる保険。残存状態などで支給される金額が決まる。

声かけ例▼

「災害に遭ったとき、火災保険でカバーできるのをご存知ですか？」

②地震保険

火災保険とセットで加入する。単独で加入することができない。地震が生じたときに支払われる保険。残存状態などで支給される金額が決まる。

声かけ例▼

「火災保険だけでは、地震は補償されないのをご存知ですか？」

【4】ローン関連

①住宅ローン

マイホームを購入する際に利用できるローン。各金融機関で取扱いがあるが、住宅金融支援機構の「フラット35」が有名。住宅の設備に応じて、金利の優遇がある。

声かけ例▼

「マイホーム購入（リフォーム）の予定はございませんか？」

②カードローン

個人向けの融資サービスであり、コンビニATMや銀行などで現金を引き出したり、インターネットから自分の口座へ振り込むことで借入れ可能。利用限度額範囲内であれば、何度でも借入れできる。

声かけ例▼

「小口で利用できるローンがあるのをご存知ですか？」

③目的別ローン

使う目的が決まっているローンのこと。カードローンよりは金利は低くなるが、使用を証明するための見積書や領収書などの提出が求められる。借り切りスタイルで、一度借りたら返済するのみ。

声かけ例▼

「お使い道が決まっている場合、専用のローンがあるのをご存知ですか？」

【5】セカンドライフ関連

①国民年金（基礎年金）

20歳から60歳未満のすべての人が加入する国の年金制度。自営業者やフリーランスが加入する年金で、主に老後に受け取れる。

声かけ例▼

「国民年金の支払いは口座振替を利用されていらっしゃいますか？」

②厚生年金保険

サラリーマンなどの会社員や公務員などが加入する年金保険。国民年金に上乗せして支払われる年金で、主に老後に受け取れる。

声かけ例▼

「ご自身で直接、年金を支払っていらっしゃらないなら、厚生年金なのではないでしょうか？」

③障害年金

病気やケガが理由で生活や仕事に支障が生じたときに支払われる年金で、現役世代も受け取ることができる年金。障害基礎年金、障害厚生年金などがある。

声かけ例▼

「万一、お身体に障害が残ったときには、給付が受けられるケースがあるのをご存知ですか？」

④遺言書

3つの種類がある。

★自筆証書遺言

自分で書く遺言。氏名、日付を自分で書き、押印が必要。証人は不要。費用はかからず、秘密は守られるものの、発見されなければ効力は発しない。

★公正証書遺言

本人と証人2人で公証役場で作成する。遺言の内容を口述すれば、公証人が書いてくれる。費用はかかるが、遺言を確実に遺すことができる。ただし、証人がいるため、遺言の内容が漏れるリスクがある。

★秘密証書遺言

自筆証書遺言を封筒に入れ、封印。公証役場で証明してもらう。証人は必要だが、内容を秘密にすることができる。費用はかかり、遺言書を作成した事実は知られる可能性がある。

声かけ例▼

「遺言書にはいくつかの種類があるのをご存知ですか？」

⑤エンディングノート

自分に万一のことが起こった時に備えて、あらかじめ家族や周りの人に伝えたいことを書いておくノートのこと。遺言書と同じように思う人もいるが、効力はない。想いを伝えるのみに留まる。

声かけ例▼

「ご家族に想いを伝える手段として、エンディングノートを活用されてはいかがでしょうか？」

♣どのように身に付ければよいか

ここで掲げているのは、基本的なことばかりです。関連書籍は多くありますし、通信講座などでも学ぶことができます。

もちろん、インターネットを通して情報を得ることができますが、その内容は、必ずしも正しいとは限りません。インターネットで情報を収集するときには、正しい情報なのかを確認する必要があります。

その分野を専門的に学んでいきたいのなら、資格を取るのもお勧めです。より深く理解することができます。

投資関連であれば証券アナリスト、証券外務員など。年金関連なら社会保険労務士、年金アドバイザーがあります。保険関連の知識も、販売に関わる場合には講習や資格試験があると思いますので、そちらで深く学ぶことができます。

いずれにしても、制度は見直されることがありますし、情報も変わってきます。すべてのことを理解するのは難しいと思いますが、基本的な部分を押さえつつ、その中で専門分野を決めて、その分野はより深くキャッチアップするように学ぶとよいでしょう。

第5章

質問の作り方をマスターしよう

実際の窓口応対で使える
オリジナルの質問や声かけの
作り方を身に付けよう

質問や声かけのフレーズをいくつかのパターンに分けて暗記しておいても、実際の窓口応対では、その内容やシチュエーションが合わないことが起こりがちです。そのような場合には、臨機応変に自分でオリジナルの〝魔法の質問〟」を作り、お客さまに投げかけていかなければなりません。

実際に、お客さまと接していくと、会話や表情、持ち物などから、さまざまな情報を得ることができるのではないでしょうか。

本章では、そのような場面に応じて使える質問や声かけについて、自分で作る方法をお伝えしたいと思います。

♣質問や声かけのキーワード【５つのＴ】

まず、考えていただきたいのが、何のために質問を作るのか？　という基本についてです。

本書のテーマは、「お客さまに自分のファンになってもらうための質問」なのですが、私たちはタレントでもアーティストでもありません。自分本位に質問を重ねてしまったら、お客さまは、心を許してくれるどころか、かえって面倒な人だという印象を持たれてしまいかねません。

質問を投げかけるときの大切な要素、キーワードは、［1］タイミング（timing）、［2］テーマ（theme）、［3］思いやりのある、思慮深さ（thoughtful）、［4］伝達、メッセージ（transmission）、［5］感謝する（thank）の【５つのT】。これらが重要になるのです。

それでは、ひとつずつ見ていきましょう。

【1】タイミング（timing）

お客さまが「明らかに急いでいる」「仕事で失敗をして落ち込んでいる」「家族に不幸があった」というようなときは、質問を投げかけるのはふさわしくありません。まさにタイミングが合わないのです。

お客さまとの会話の内容、表情、しぐさなどから、さまざまなシグナルが発信されています。質問のタイミングを間違ってしまうと、質問の効果がないばかりか、信頼を失いかねないことには十分に気をつけましょう。

【2】テーマ（theme）

こちらが投げかけようとしている質問のテーマは、お客さまに合っているのかについても重要です。

シングルのお客さまに子どもや孫の話をする、失業したばかりの人にボーナスの積立について質問する、若い人に年金について話すというのは、失礼に当たる場合があるだけでなく、まったく心に響かない質問になってしまいます。

お客さまのことがよくわからないうちは、具体的な質問ではなく、一般的な話題として

質問を投げかけてみる、お客さまについて知っている情報の中から、関連しているニュースがあるようなら、ニュースをベースにテーマを選ぶとよいでしょう。

［3］思いやりのある、思慮深い（thoughtful）

店頭でお客さまをお迎えする場合、雨の日や風の強い日、暑い日などがあると思います。そのようなときには、お客さまの体調や様子を考慮することが必要です。いきなり質問を投げかけても、単なる自分本位で自分のことしか考えていない人としか思われません。

まずは、**「足元の悪いなか、ありがとうございます」「お暑いなか、大変でしたね」**などの労いの言葉を伝えることが大切です。

また、**「今、お時間よろしいですか？」**などの声かけからスタートするのも、思いやりのひとつです。これらの言葉は、積極的に使っていきましょう。

［4］伝達、メッセージ（transmission）

お客さまが欲しいと思っていた情報があったら、それを伝えるようにします。たとえば、国債を購入したいとお話しするお客さまがいた場合、いつから購入できるのかをお伝えできます。「第○○回国債の発売日は、来週月曜日からです。ご存知でしたか？」などと質問を投げかけることができますよね。

また、仕事と関係のないことでも、お客さまが興味を持っているコトやモノについての情報を伝えることもお勧めします。一見すると、仕事と関係のないトピックのように思うかもしれませんが、**お客さまが好きな話題を共有することは、ファン作りには不可欠**なことです。

〔5〕感謝する（thank）

まず、わざわざ自金融機関の店頭まで訪ねてきてくれているのですが、それだけでも感謝に値しますよね。「**いつもありがとうございます。お変わりありませんか？**」という一言は、欠かすことのできない投げかけのひとつです。

質問を投げかけて答えていただいているときも、一生懸命に答えてくれたり、答えを出そうと考えてくれるお客さまがいらっしゃいます。そのようなお客さまにも感謝の言葉を伝えましょう。

望ましいのは、感謝をしながら質問を投げかけること。文字にすると難しいことのように思えるかもしれませんが、会話の所々で、気持ちを伝えていけばＯＫです。

何をするにしても、感謝することを忘れては成功しません。

感謝することは、すぐにでも実践できますよね。

♣オリジナルの魔法の質問の作り方

魔法の質問の考え方の基本【５つのＴ】がわかったら、実際に質問を作っていきましょう。それでも難しいと思うのなら、５つのＴに当てはめながら、質問を作ってみてください。５つのＴを組み合わせることで、質問はいくつでも作ることができます。

▼基本形

［１］タイミング（timing）

×

［２］テーマ（theme）

×

［3］思いやりのある、思慮深い（thoughtful）
×
［4］伝達、メッセージ（transmission）
×
［5］感謝する（thank）

これらの組み合わせの基本形をあらかじめ作っておき、自分だけの〝魔法の質問〟を作っていきます。

たとえば、37歳の女性のお客さまで、4人家族。下の子は来年小学校へ入学する予定。訪問日は雨で、夫の給料振込日にご来店された場面を考えてみましょう。

まず、必要なのが［3］思いやりのある、思慮深い（thoughtful）と［5］感謝する（thank）です。

▼声かけ例

「お足元の悪いなか、わざわざご来店いただき、ありがとうございます。その後、お変わりございませんか？」

会話のあとは、［１］タイミング（timing）を確認。通帳記帳のほか、買い物に行く予定。特に急いでいる雰囲気もなく、雨足は次第に強くなっている。タイミングがＯＫなら、ここで［２］テーマ（theme）に移ります。

▼声かけ例

「雨足が強くなってきたようです。お急ぎでなければゆっくりしていって下さいね」

「そう言えば、お子さまは来年から小学生なのでしたね？　入学の準備は大変ではありませんか？」

このとき、学校のことやその準備、学費の話題など、会話を通して新たな［２］テーマ（theme）のヒントが与えられます。

もし、学費が大変らしいという情報があったら、［４］伝達、メッセージ（transmission）

の内容を質問として投げかけます。

▼質問例

「みなさん、そうおっしゃいます。大変ですね。そう言えば学資保険（子ども保険）には加入されていらっしゃいますか？」

実際に加入している場合には、その他の金融商品について話題にすればよいでしょう。また、「家計の見直しなどはご興味ありませんか？」とお伝えして、学費を切り口に、そのご家庭の家計全体を把握しながら、どのような提案ができるのかを考えていくという方法もあります。

ここで取り上げたように、【5つのT】を考えながら、質問を組み合わせられるよう、お客さまの顔を頭に浮かべながら、いくつかのパターンの質問を作ってみてください。

♣まとめ

自分で質問を作るとなると、難しいと思うかもしれません。とはいえ、実際に目の前のお客さまと会話をしているからこそ、お客さまの立場に立った質問を投げかけられるようになるのです。

最初は慣れないかもしれません。その場合は【５つのＴ】の基本形を思い出して、それに当てはめてみて下さい。

慣れてくると、お客さまがどんな話をしたいのか、逆にしたくないのか。困っていることがあるのか、ないのかがわかるようになってきます。これは、努力してわかるのではなく、ある日突然、わかるようになるものです。**体験に勝る学びはありません。**それがわかってくると、質問のタイミングやテーマ選びが自ずと判断できるようになってきます。

ファンという言葉に抵抗を持つ人もいるかもしれませんが、お客さまに慕われるということは、窓口業務を担当する者にとって、この上ない幸せです。お客さまの幸せを築くお手伝いができるのですから…。

まずは肩の力を抜いて、素直な気持ちで、真心を込めて、お客さまと接して欲しいと思います。そうすることで、おのずと質問力が鍛えられますし、お客さまがあなたを応援してくれるようにもなりますよ。

♣最後に～人生は質問の連続です！

筆者自身は、〝魔法の質問〟という言葉はたいへん気に入っているのですが、人によっては大げさに感じることもあるようです。「何が魔法なの？」と…。

しかしながら、私たちは質問され、それに答えるためにじっくりと考えるようになりますし、行動パターンを変えることだってあるのです。そして、**今までとは違う、自分に出逢うこともできる**のです。

大げさに言えば、**質問は人生を変えるだけの力を秘めている**のだと、筆者は思っています。

質問には、あまり意味のない質問、どうでもよいかもしれない質問、重要な質問、しなくてはならない質問、真実を見極めるための質問など、いろいろあります。

質問に正解はありませんが、良質な質問を重ねることで、思考力が育まれ、最高の結果を導いてくれるのだと、筆者は信じています。

人生は質問の連続です！　どうせ考えなくてはならないのなら、積極的に質問に向き合いたいものですね。たかが質問、されど質問。質問をあなどることなく、ポジティブに活用していきましょう！

おわりに

お客さまと接するときには、業務上、行わなければならないことのほか、お客さまが望むことを叶えてあげなければなりません。

お客さまが望むことって何だろう？　と思うかもしれませんが、それは、本書で解説してきたように、疑問や不安を解消してあげることです。

毎日、わざわざ店頭で入金するお客さまは、ただＡＴＭを利用するのが面倒なのでしょうか？

雨の日に通帳の記入に訪れる高齢者は、ＡＴＭが使えないのでしょうか？

店頭で金融機関のポスターを眺めているお客さまは、何が目的なのでしょうか？

お客さま一人ひとりの考えは違いますので、これが正解というわけではありませんが、訪れるお客さまは、金融機関をコミュニケーションの場として、金融情報が得られる場としてとらえているはずです。

筆者自身、銀行窓口でテラーをしていたときのこと。「ご高齢のお客さまから、「直接、記帳してもらえると安心する」「顔を見て話すと気分が良い」などの言葉をいただきました。おそらく、どの金融機関に訪れるお客さまも、このような想いをお持ちでいらっしゃるのではないかと思います。

窓口業務の機械化が進み便利になった一方、お客さまとの関わり方も機械的になってしまったような気がします。お客さまとの距離感は、ある程度、ドライな間隔であるべきなのですが、あまりにもドライすぎると、お客さまの気持ちは窓口担当者だけでなく、金融機関そのものから離れていってしまうこともあるものです。

今よりも少しだけお客さまの行動に気を配り、家族や親せきを相手にするような温かい気持ちで接してみて下さい。お客さまは何のためにそのようなことをしているのかを考えて欲しいと思います。

いいだみちこ

ここまで質問について考えてきました。お客さまに対してどのように質問すればよいのか？　自分にも質問を投げかけてみましょう。自分に質問をすることで、自分がお客さまとどのように向き合いたいのかがわかりますし、気づきも得られます。質問することで、見ている景色が変わることを実感してみて下さい。

著者紹介

いいだみちこ（飯田道子）
ファイナンシャル・プランナー（NPO法人日本FP協会・CFP®認定者）
マツダミヒロ主宰・魔法の質問認定パートナー

静岡銀行勤務を経て、1996年にFP資格を取得後独立。独立系FPとして各種相談業務やセミナー講師、執筆活動などを行っています。海外移住についても相談対応しており、特にカナダや韓国への移住相談や金融・保険情報を専門分野としています。趣味が高じてスキーやスキューバーダイビングのインストラクターも経験。現在は、FP資格だけでなく、魔法の質問や数秘&カラーの上級トレーナーの資格を活かしながら、運用プラスアルファの「楽しくお金を貯める方法」や「振り返りに役立てる方法」などを提案しています。

テラー必携!!
あなたのファンを増やす魔法の質問

2020（令和2）年9月10日　初版発行

著　者　いいだみちこ
発行者　楠　真一郎
発行所　株式会社近代セールス社
http://www.kindai-sales.co.jp/
東京都中野区新井2-10-11ヤシマ1804ビル4階
〒一六五-〇〇二六　電話（〇三）六八六六-七五八八
印刷・製本　株式会社木元省美堂
用紙　株式会社鵬紙業

ISBN978-4-7650-2189-0